MAD LIBS®

¡EN ESPAÑOL!

¡FELIZ NAVIDAD!
MAD LIBS

Yan

MAD LIBS

Un sello editorial de Penguin Random House LLC, Nueva York

Publicado por primera vez en los Estados Unidos de América por Mad Libs,
un sello editorial de Penguin Random House LLC, Nueva York, 2022

Derechos del formato y el texto *Mad Libs* © 2022 de Penguin Random House LLC

Concepto creado por Roger Price & Leonard Stern

Ilustración de cubierta por Scott Brooks

Visítanos en línea: penguinrandomhouse.com

Impreso en los Estados Unidos de América

ISBN 9780593521229
1 3 5 7 9 10 8 6 4 2
COMR

MAD LIBS ¡EN ESPAÑOL!

INSTRUCCIONES

¡MAD LIBS® EN ESPAÑOL es un juego para personas a las que no les gustan los juegos! Lo pueden jugar uno, dos, tres, cuatro o cuarenta personas.

• INSTRUCCIONES RIDÍCULAMENTE SIMPLES

En esta libreta encontrarás historias que contienen espacios en blanco donde se omiten palabras. Un jugador, el LECTOR, selecciona una de estas historias. El LECTOR no le cuenta a nadie de qué trata la historia. En cambio, les pide a los otros jugadores, los ESCRITORES, que le propongan palabras. Estas palabras se utilizan para completar los espacios en blanco de la historia.

• PARA JUGAR

En cada turno, el LECTOR le pide a cada ESCRITOR que diga una palabra —un adjetivo o un sustantivo o lo que sea que requiera el espacio— y este usa dichas palabras para completar los espacios en blanco de la historia. El resultado es el juego MAD LIBS® EN ESPAÑOL.

Luego, cuando el LECTOR les lea a los otros jugadores cómo quedó el juego completado de MAD LIBS® EN ESPAÑOL, estos descubrirán que han escrito una historia fantástica, increíblemente divertida, impactante, tonta, alocada o simplemente absurda, según las palabras que haya dicho cada ESCRITOR.

• EJEMPLO (Antes y después)

"_____", digo mientras me monto _____ en
   EXCLAMACIÓN   ADVERBIO

mi _____ veloz y veo a mi _____ ladrando
    SUSTANTIVO   ANIMAL

tras de mí.

"__¡CARAMBA!__", digo mientras me monto __ALEGREMENTE__ en
   EXCLAMACIÓN   ADVERBIO

mi __TOMATE__ veloz y veo a mi __ELEFANTE__ ladrando
    SUSTANTIVO   ANIMAL

tras de mí.

MAD LIBS ¡EN ESPAÑOL!
REPASO EN UN
DOS POR TRES

En caso de que hayas olvidado qué son los adjetivos, adverbios, sustantivos y verbos, aquí tienes un repaso rápido:

Un ADJETIVO describe algo o a alguien. *Inteligente, suave, feo, desordenado* y *corto* son adjetivos. Cuando se especifica FEMENINO, este concuerda con un sustantivo femenino: *fea, sabrosa, callada.* Cuando se especifica PLURAL, el adjetivo se refiere a algo que describe más de una cosa, como *raros, locos, tristes.* Si aparecen FEMENINO y PLURAL, se refiere a adjetivos que concuerdan con más de una cosa en femenino, como *feas, sabrosas, calladas.* Cuando no se especifica FEMENINO o PLURAL, se refiere por lo general a un adjetivo masculino o singular.

Un ADVERBIO dice cómo se hace algo. Modifica al verbo y generalmente termina en "mente". *Honestamente, naturalmente* y *cuidadosamente* son adverbios.

Un SUSTANTIVO es el nombre de una persona, lugar o cosa. *Espejo, teléfono, playa, gorra* y *nariz* son sustantivos. Cuando se especifica FEMENINO, el sustantivo se refiere a una cosa que concuerda con "la" o "una", como la/una *puerta,* la/una *lámpara* o la/una *flor.* Cuando se especifica PLURAL, el sustantivo se refiere a más de una cosa que concuerda con "los/las" o "unos/unas", como *animales, computadoras, columpios.* Si aparecen FEMENINO y PLURAL, se refiere a sustantivos que concuerdan con "las/unas", como *playas, trompetas, crayolas.* Cuando no se especifica FEMENINO o PLURAL, se refiere por lo general a un sustantivo masculino o singular.

Un VERBO es una palabra de acción. *Correr, lanzar, saltar* y *nadar* son verbos. Cuando se especifica VERBO (-ANDO/-IENDO), conjuga los verbos con la terminación *-ando* o *-iendo. Corriendo, lanzando, caminando* y *durmiendo* son verbos con la terminación *-ando* o *-iendo.*

Cuando preguntamos por un LUGAR, nos referimos a cualquier tipo de lugar: un país o una ciudad (*España, Miami)* o una habitación (*baño, cocina*).

Cuando preguntamos por una OCUPACIÓN, nos referimos al oficio o a la profesión de una persona (*policía, astronauta, albañil*).

Una EXCLAMACIÓN o PALABRA TONTA es cualquier tipo de sonido divertido, jadeo, gruñido o grito, como *¡Wow!, ¡Ay!, ¡Híjole!, ¡Caramba!* y *¡Recórcholis!,* y también puede ser una palabra inventada o absurda.

Cuando pedimos palabras específicas, como NÚMERO, COLOR, ANIMAL o PARTE DEL CUERPO, nos referimos a una palabra que corresponde a una de esas categorías, como *siete, azul, caballo* o *cabeza.*

MAD LIBS® EN ESPAÑOL es divertido para jugar con tus amistades, ¡pero también puedes jugarlo tú solo/a! Para empezar, NO mires la historia de la página siguiente. Completa los espacios en blanco de esta página con las palabras solicitadas. Luego, usa esas palabras para completar los espacios en blanco de la historia.

¡Ya has creado tu propio y divertido juego MAD LIBS® EN ESPAÑOL!

QUERIDO PAPÁ NOEL

VERBO _____

ADJETIVO _____

VERBO _____

ADJETIVO _____

SUSTANTIVO _____

ARTÍCULO DE VESTIR _____

ADJETIVO _____

OCUPACIÓN _____

SUSTANTIVO _____

ARTÍCULO DE VESTIR _____

SUSTANTIVO _____

ANIMAL _____

TIPO DE LÍQUIDO _____

PARTE DEL CUERPO (PLURAL) _____

ANIMAL (PLURAL) _____

EXCLAMACIÓN _____

TIPO DE ALIMENTO _____

TIPO DE LÍQUIDO _____

MAD LIBS ¡EN ESPAÑOL!

QUERIDO PAPÁ NOEL

Querido Papá Noel:

Este año no logré _____ bien en la escuela porque soy
                        VERBO

demasiado _____ y no me gusta _____.
              ADJETIVO   VERBO

Por eso no te pediré un regalo muy _____, sino un/a
                                            ADJETIVO

_____ que me quepa en el bolsillo de mi _____.
  SUSTANTIVO   ARTÍCULO DE VESTIR

También quiero pedirte algo muy _____ para mí, porque
                                      ADJETIVO

cuando sea grande, quiero ser _____ y bucear debajo del/de
                                 OCUPACIÓN

la _____. Ya tengo gafas de buceo y _____,
      SUSTANTIVO   ARTÍCULO DE VESTIR

pero me falta un tubo de _____ para respirar. ¿Crees
                              SUSTANTIVO

que puedas traerme unas patas de _____ o aletas? ¡Así podré
                                      ANIMAL

bucear bajo el/la _____ salado/a y ver muchos animales
                    TIPO DE LÍQUIDO

marinos con mis propios/as _____, como estrellas
                            PARTE DEL CUERPO (PLURAL)

de mar, pulpos y _____ de colores nadando en el fondo!
                    ANIMAL (PLURAL)

¡_____, llega pronto! ¡Te dejaré un/a delicioso/a
     EXCLAMACIÓN

_____ hecho/a por mí y un vaso de _____
  TIPO DE ALIMENTO   TIPO DE LÍQUIDO

con chocolate!

Yo, tu amigo Pepito

MAD LIBS® EN ESPAÑOL es divertido para jugar con tus amistades, ¡pero también puedes jugarlo tú solo/a! Para empezar, NO mires la historia de la página siguiente. Completa los espacios en blanco de esta página con las palabras solicitadas. Luego, usa esas palabras para completar los espacios en blanco de la historia.

¡Ya has creado tu propio y divertido juego MAD LIBS® EN ESPAÑOL!

LA TARJETA IMPOSIBLE

ADJETIVO _____

SUSTANTIVO _____

VERBO _____

SUSTANTIVO _____

ANIMAL _____

ADJETIVO _____

ARTÍCULO DE VESTIR _____

ADJETIVO (FEMENINO, PLURAL) _____

ARTÍCULO DE VESTIR _____

COLOR _____

PARTE DEL CUERPO (PLURAL) _____

ADJETIVO FEMENINO _____

PARTE DEL CUERPO _____

VERBO (-ANDO/-IENDO) _____

SUSTANTIVO _____

NÚMERO _____

ADJETIVO _____

SUSTANTIVO _____

MAD◉LIBS ¡EN ESPAÑOL!

LA TARJETA IMPOSIBLE

Hacer una foto para la tarjeta navideña es _____, ¡pero

ADJETIVO

es una misión imposible! Mi _____ y yo pusimos la

SUSTANTIVO

cámara en automático para _____ la foto familiar

VERBO

junto al/la _____ de Navidad. Mi papá se puso su

SUSTANTIVO

suéter de Rodolfo, el/la _____ de Santa. Mi mamá

ANIMAL

se puso su vestido _____. Mi hermana se puso su/s

ADJETIVO

_____ de mangas _____ y mi

ARTÍCULO DE VESTIR   ADJETIVO (FEMENINO, PLURAL)

hermanito se puso el _____ de lana. Yo elegí un suéter

ARTÍCULO DE VESTIR

_____ y rojo, que son los colores de la Navidad. Pusimos

COLOR

la cámara en automático y ¡clic! Pero al mirar la foto, ¡oh, no! Mi

papá quedó con los/las _____ cerrados/as y mi

PARTE DEL CUERPO (PLURAL)

mamá con la boca _____. Mi hermanito quedó

ADJETIVO (FEMENINO)

con el dedo metido en su _____. El perro y el gato

PARTE DEL CUERPO

estaban _____. Yo quedé mirando hacia el/la

VERBO (-ANDO/-IENDO)

_____. Hicimos _____ toma/s más, pero cada foto

SUSTANTIVO   NÚMERO

era más _____ que la anterior. Elegimos la más graciosa.

ADJETIVO

"¡Este es el verdadero _____ navideño!", dijo papá.

SUSTANTIVO

MAD LIBS® EN ESPAÑOL es divertido para jugar con tus amistades, ¡pero también puedes jugarlo tú solo/a! Para empezar, NO mires la historia de la página siguiente. Completa los espacios en blanco de esta página con las palabras solicitadas. Luego, usa esas palabras para completar los espacios en blanco de la historia.

¡Ya has creado tu propio y divertido juego MAD LIBS® EN ESPAÑOL!

DECOREMOS CASITAS

ADJETIVO (FEMENINO) _____

VERBO _____

SUSTANTIVO _____

VERBO _____

EXCLAMACIÓN _____

PERSONA PRESENTE _____

SUSTANTIVO _____

VERBO _____

SUSTANTIVO _____

ADJETIVO (PLURAL) _____

PALABRA TONTA _____

SUSTANTIVO _____

ADJETIVO (FEMENINO, PLURAL) _____

ADVERBIO (-MENTE) _____

COLOR _____

MAD LIBS ¡EN ESPAÑOL!

DECOREMOS CASITAS

Esta es la manera más fácil y _____ de _____
ADJETIVO (FEMENINO)   VERBO

una casa de pan de jengibre o mazapán.

1. Primero, pon a hornear el pan de _____ para hacer
SUSTANTIVO

   la casita. ¿O prefieres _____ la casita en la tienda?
   VERBO

   ¡ _____ , que lo decida _____ !
   EXCLAMACIÓN   PERSONA PRESENTE

2. Reúne los elementos decorativos, como _____ y
SUSTANTIVO

   glaseado de diferentes colores. ¡No debes _____ el
   VERBO

   glaseado blanco!

3. Saca el pan del horno y arma el/la _____ de mazapán
SUSTANTIVO

   a tu gusto.

4. Decora toda la casita con caramelos _____ ,
ADJETIVO (PLURAL)

   _____ de maíz y bastante _____
   PALABRA TONTA   SUSTANTIVO

   de colores. Puedes usar cortadores de galletas para hacer varias

   figuras _____ .
   ADJETIVO (FEMENINO, PLURAL)

5. _____ , échale el glaseado _____ para
ADVERBIO (-MENTE)   COLOR

   representar la nieve. ¡Listo!

MAD LIBS® EN ESPAÑOL es divertido para jugar con tus amistades, ¡pero también puedes jugarlo tú solo/a! Para empezar, NO mires la historia de la página siguiente. Completa los espacios en blanco de esta página con las palabras solicitadas. Luego, usa esas palabras para completar los espacios en blanco de la historia.

¡Ya has creado tu propio y divertido juego MAD LIBS® EN ESPAÑOL!

¡CREATIVA... MENTE!

NÚMERO _____

VERBO _____

ADJETIVO _____

TIPO DE ALIMENTO _____

TIPO DE LÍQUIDO _____

LETRA DEL ALFABETO _____

SUSTANTIVO _____

NÚMERO _____

SUSTANTIVO _____

SUSTANTIVO (PLURAL) _____

PARTE DEL CUERPO (PLURAL) _____

SUSTANTIVO (PLURAL) _____

ADJETIVO (FEMENINO, PLURAL) _____

SUSTANTIVO _____

VERBO _____

EXCLAMACIÓN _____

PALABRA TONTA _____

MAD LIBS ¡EN ESPAÑOL!

¡CREATIVA... MENTE!

Lulú y Revolú están organizando una fiesta de manualidades con su/s

_____ mejor/es amigo/s.
NÚMERO

Lulú: ¡Me encanta _____ porque es muy _____
VERBO ADJETIVO

y divertido! De merienda tenemos _____ con espinacas
TIPO DE ALIMENTO

y _____ energético/a con un alto contenido de vitamina
TIPO DE LÍQUIDO

_____. Además, tenemos un _____, una
LETRA DEL ALFABETO SUSTANTIVO

mesa y _____ silla/s.
NÚMERO

Revolú: Pero lo importante no es el/la _____, ¡sino
SUSTANTIVO

los/las _____ que podemos hacer con nuestros/as
SUSTANTIVO (PLURAL)

propios/as _____! Podemos hacer una máscara
PARTE DEL CUERPO (PLURAL)

de Rodolfo el reno, _____ de papel, marionetas
SUSTANTIVO (PLURAL)

_____ y muñecos de _____.
ADJETIVO (FEMENINO, PLURAL) SUSTANTIVO

Lulú: ¡Sí, y podemos _____ la cara de Papá Noel en un
VERBO

plato de papel! ¡ _____, qué _____!
EXCLAMACIÓN PALABRA TONTA

MAD LIBS® EN ESPAÑOL es divertido para jugar con tus amistades, ¡pero también puedes jugarlo tú solo/a! Para empezar, NO mires la historia de la página siguiente. Completa los espacios en blanco de esta página con las palabras solicitadas. Luego, usa esas palabras para completar los espacios en blanco de la historia.

¡Ya has creado tu propio y divertido juego MAD LIBS® EN ESPAÑOL!

NUEVA TRADICIÓN FAMILIAR

VERBO _____

ADJETIVO (FEMENINO) _____

ANIMAL _____

PARTE DEL CUERPO (PLURAL) _____

TIPO DE TRANSPORTE _____

SUSTANTIVO (PLURAL) _____

ADJETIVO PLURAL _____

SUSTANTIVO (FEMENINO, PLURAL) _____

VERBO _____

SUSTANTIVO _____

PALABRA TONTA _____

ADJETIVO (FEMENINO) _____

ADJETIVO _____

TIPO DE ALIMENTO _____

TIPO DE LÍQUIDO _____

VERBO _____

NUEVA TRADICIÓN FAMILIAR

Si no sabes qué _____ en Navidad, aquí tienes tres ideas

VERBO

para comenzar una nueva tradición _____:

ADJETIVO (FEMENINO)

1. **Todos somos el reno Rodolfo:** Disfrázate de _____.

ANIMAL

   Coloca unos/as _____ de cartón en tu cabeza

PARTE DEL CUERPO (PLURAL)

   y jala un/a _____ cargado de _____

TIPO DE TRANSPORTE   SUSTANTIVO (PLURAL)

   y de regalos _____ por tu barrio.

ADJETIVO (PLURAL)

2. **Coro familiar:** Elijan las mejores _____

SUSTANTIVO (FEMENINO, PLURAL)

   de Navidad. _____ alegrará a los vecinos. Pueden ir de

VERBO

   casa en casa y cantar debajo de cada _____.

SUSTANTIVO

3. **La dieta de Santa:** ¡Jo-jo- _____ será la dieta más

PALABRA TONTA

   _____ de Santa! Con tu familia, escriban lo que

ADJETIVO (FEMENINO)

   él debe comer para sentirse más _____ y saludable:

ADJETIVO

   ¿ _____ sin sal ni azúcar? ¿ _____

TIPO DE ALIMENTO   TIPO DE LÍQUIDO

   con limón y canela? ¡Todo puede _____!

VERBO

MAD LIBS® EN ESPAÑOL es divertido para jugar con tus amistades, ¡pero también puedes jugarlo tú solo/a! Para empezar, NO mires la historia de la página siguiente. Completa los espacios en blanco de esta página con las palabras solicitadas. Luego, usa esas palabras para completar los espacios en blanco de la historia.

¡Ya has creado tu propio y divertido juego MAD LIBS® EN ESPAÑOL!

LA AYUDA QUE AYUDA

ADJETIVO _____

VERBO _____

PERSONA PRESENTE _____

VERBO _____

SUSTANTIVO _____

OCUPACIÓN _____

SUSTANTIVO (PLURAL) _____

ADJETIVO (FEMENINO, PLURAL) _____

TIPO DE ALIMENTO _____

ADJETIVO _____

TIPO DE ALIMENTO _____

SUSTANTIVO _____

TIPO DE EDIFICIO _____

EXCLAMACIÓN _____

PALABRA TONTA _____

PERSONA PRESENTE _____

VERBO _____

OCUPACIÓN _____

MAD LIBS ¡EN ESPAÑOL!

LA AYUDA QUE AYUDA

Ir con la familia a un refugio _____ u otra organización
                                    ADJETIVO

de voluntarios es una buena oportunidad para _____
                                                    VERBO

sobre el espíritu de la Navidad. A _____ le gusta
                                    PERSONA PRESENTE

_____ como voluntario/a en su comunidad. Ayer fue con
        VERBO

sus padres a un/a _____ local para ayudar en diferentes
                        SUSTANTIVO

actividades como _____. Primero, recolectaron juguetes,
                        OCUPACIÓN

medicinas, alimentos enlatados y _____ para las familias
                                    SUSTANTIVO (PLURAL)

_____. Luego, ayudaron en la cocina, sirviendo
ADJETIVO (FEMENINO, PLURAL)

sopa de _____, pan _____ y jugo de
            TIPO DE ALIMENTO   ADJETIVO

_____. Más tarde, confeccionaron _____
    TIPO DE ALIMENTO   SUSTANTIVO

de papel para decorar el/la _____. De pronto,
                                TIPO DE EDIFICIO

mi amigo/a gritó "¡_____, _____!"
                        EXCLAMACIÓN   PALABRA TONTA

cuando se encontró con _____ que había venido
                            PERSONA PRESENTE

con su familia a _____ también, para trabajar como
                        VERBO

_____.
    OCUPACIÓN

MAD LIBS® EN ESPAÑOL es divertido para jugar con tus amistades, ¡pero también puedes jugarlo tú solo/a! Para empezar, NO mires la historia de la página siguiente. Completa los espacios en blanco de esta página con las palabras solicitadas. Luego, usa esas palabras para completar los espacios en blanco de la historia.

¡Ya has creado tu propio y divertido juego MAD LIBS® EN ESPAÑOL!

UNA MUÑECA DE NIEVE

SUSTANTIVO _____

ADJETIVO (FEMENINO, PLURAL) _____

VERBO _____

COLOR (FEMENINO) _____

PARTE DEL CUERPO _____

SUSTANTIVO _____

ADJETIVO (PLURAL) _____

PARTE DEL CUERPO (PLURAL) _____

SUSTANTIVO _____

ADJETIVO (FEMENINO) _____

TIPO DE ALIMENTO _____

SUSTANTIVO (PLURAL) _____

ADJETIVO (PLURAL) _____

PARTE DEL CUERPO _____

EXCLAMACIÓN _____

SUSTANTIVO _____

MAD LIBS ¡EN ESPAÑOL!

UNA MUÑECA DE NIEVE

Hacer un/a _____ de nieve puede ser una de las actividades
_{SUSTANTIVO}

navideñas más _____. Pero es mucho más
_{ADJETIVO (FEMENINO, PLURAL)}

divertido _____ una muñeca de nieve.
_{VERBO}

1. Recoge un poco de nieve _____ y suave con tu/s
_{COLOR (FEMENINO)}

   _____. Presiónala y redondéala hasta lograr una bola
_{PARTE DEL CUERPO}

   del tamaño de un/a _____. Asegúrate de llevar guantes
_{SUSTANTIVO}

   _____ o te dolerán los/las _____.
_{ADJETIVO (PLURAL)}   _{PARTE DEL CUERPO (PLURAL)}

2. Rueda la bola hasta que sea tan ancha como un/a _____.
_{SUSTANTIVO}

   Haz lo mismo, pero con una porción más _____.
_{ADJETIVO (FEMENINO)}

3. Coloca un/a _____ crudo/a para que sea la nariz
_{TIPO DE ALIMENTO}

   de tu muñeca de nieve. Utiliza botones o _____
_{SUSTANTIVO (PLURAL)}

   para hacer los ojos. Agrega dos palos _____ para el/la
_{ADJETIVO (PLURAL)}

   _____. ¡ _____, no olvides colocarle
_{PARTE DEL CUERPO}   _{EXCLAMACIÓN}

   un/a _____ en la cabeza!
_{SUSTANTIVO}

MAD LIBS® EN ESPAÑOL es divertido para jugar con tus amistades, ¡pero también puedes jugarlo tú solo/a! Para empezar, NO mires la historia de la página siguiente. Completa los espacios en blanco de esta página con las palabras solicitadas. Luego, usa esas palabras para completar los espacios en blanco de la historia.

¡Ya has creado tu propio y divertido juego MAD LIBS® EN ESPAÑOL!

COMO LOS PINGÜINOS

ADJETIVO _____

PARTE DEL CUERPO (PLURAL) _____

PERSONA PRESENTE _____

LUGAR _____

VERBO _____

ADJETIVO _____

ADVERBIO (-MENTE) _____

SUSTANTIVO _____

VERBO _____

PARTE DEL CUERPO _____

ADJETIVO (FEMENINO) _____

NÚMERO _____

ANIMAL _____

SUSTANTIVO _____

VERBO _____

NÚMERO _____

PARTE DEL CUERPO (PLURAL) _____

TIPO DE LÍQUIDO _____

MAD LIBS ¡EN ESPAÑOL!

COMO LOS PINGÜINOS

"¡Qué _____ es caminar sobre la nieve con raquetas en
          ADJETIVO

los/las _____!", exclamó _____.
        PARTE DEL CUERPO (PLURAL)   PERSONA PRESENTE

El fin de semana en que su familia llegó desde un lugar tan tropical

como _____, salieron a _____ en un
          LUGAR   VERBO

parque _____. Caminaban _____ hasta
           ADJETIVO   ADVERBIO (-MENTE)

que se toparon con un/a enorme _____ de nieve en medio
                                  SUSTANTIVO

del camino. Trataron de _____ hasta la cima, pero rodaron
                            VERBO

cuesta abajo y cayeron con los/las _____ hacia arriba.
                                   PARTE DEL CUERPO

Menos mal que la nieve estaba bastante _____ y no
                                       ADJETIVO (FEMENINO)

se lastimaron. Después de _____ intento/s, se les ocurrió algo
                            NÚMERO

genial: ¡caminar como un/a _____ del Polo Sur! Ellos
                             ANIMAL

avanzan de lado a lado sin perder el/la _____. Y así fue
                                        SUSTANTIVO

como lograron subir y _____ la colina, ¡pero les tomó _____
                         VERBO   NÚMERO

hora/s! Al llegar a casa, metieron los/las _____ en
                                       PARTE DEL CUERPO (PLURAL)

_____ caliente para aliviar la hinchazón.
  TIPO DE LÍQUIDO

MAD LIBS® EN ESPAÑOL es divertido para jugar con tus amistades, ¡pero también puedes jugarlo tú solo/a! Para empezar, NO mires la historia de la página siguiente. Completa los espacios en blanco de esta página con las palabras solicitadas. Luego, usa esas palabras para completar los espacios en blanco de la historia.

¡Ya has creado tu propio y divertido juego MAD LIBS® EN ESPAÑOL!

¡CUÁNTAS, CUÁNTAS LUCES!

PERSONA PRESENTE _____

VERBO _____

NOMBRE DE UNA CELEBRIDAD _____

ADJETIVO (FEMENINO) _____

ALGO VIVO (PLURAL) _____

SUSTANTIVO (PLURAL) _____

ADJETIVO _____

SUSTANTIVO _____

ADJETIVO _____

SUSTANTIVO (PLURAL) _____

LUGAR _____

ADJETIVO (FEMENINO, PLURAL) _____

SUSTANTIVO (PLURAL) _____

MEDIO DE TRANSPORTE _____

SUSTANTIVO _____

ADJETIVO _____

SUSTANTIVO _____

ADJETIVO _____

MAD LIBS ¡EN ESPAÑOL!

¡CUÁNTAS, CUÁNTAS LUCES!

_____ salió a _____ con su vecino/a
PERSONA PRESENTE   VERBO

_____, porque les encantan las decoraciones
NOMBRE DE UNA CELEBRIDAD

navideñas. Pero se llevaron una _____ sorpresa al
                                    ADJETIVO (FEMENINO)

ver toda la ciudad llena de _____ y luces: arbustos,
                                ALGO VIVO (PLURAL)

muros, farolas y bastantes _____ lumínicos/as que
                                SUSTANTIVO (PLURAL)

encandilaban la vista. Entonces, llenos del espíritu _____,
                                                        ADJETIVO

corrieron a decorar su hogar. Colocaron un/a _____
                                                  SUSTANTIVO

encendido/a en cada ventana, decoraron el arbolito _____
                                                        ADJETIVO

con enormes _____ de colores y adornaron el/la
                SUSTANTIVO (PLURAL)

_____ con figuras _____, farolitos
     LUGAR   ADJETIVO (FEMENINO, PLURAL)

y _____ brillantes. Hasta decoraron con luces el/la
     SUSTANTIVO (PLURAL)

_____ del garaje, ¡parecía un/a _____
MEDIO DE TRANSPORTE   SUSTANTIVO

espacial! ¿Pero sabes qué fue lo más _____ de todo?
                                          ADJETIVO

¡Este año usaron _____ solar para no afectar al medio
                      SUSTANTIVO

ambiente! Seguro Santa lo apreciará, porque no quiere que el Polo

Norte se derrita con el calentamiento _____.
                                          ADJETIVO

MAD LIBS® EN ESPAÑOL es divertido para jugar con tus amistades, ¡pero también puedes jugarlo tú solo/a! Para empezar, NO mires la historia de la página siguiente. Completa los espacios en blanco de esta página con las palabras solicitadas. Luego, usa esas palabras para completar los espacios en blanco de la historia.

¡Ya has creado tu propio y divertido juego MAD LIBS® EN ESPAÑOL!

CANCIONES NAVIDEÑAS FAVORITAS

EXCLAMACIÓN _____

ADJETIVO (FEMENINO) _____

SUSTANTIVO (PLURAL) _____

PERSONA PRESENTE _____

COLOR _____

NOMBRE DE CELEBRIDAD _____

ANIMAL _____

VERBO _____

SUSTANTIVO _____

ALGO VIVO (PLURAL) _____

APELLIDO _____

ANIMAL (PLURAL) _____

LUGAR _____

SUSTANTIVO _____

ADJETIVO (FEMENINO) _____

PERSONA PRESENTE _____

MAD LIBS ¡EN ESPAÑOL!
CANCIONES NAVIDEÑAS FAVORITAS

¡ _____ , mira qué _____ está la lista de
　　EXCLAMACIÓN　　　　　　　ADJETIVO (FEMENINO)

canciones y _____ favoritos de _____ !
　　　　　SUSTANTIVO (PLURAL)　　　　　　PERSONA PRESENTE

1. " _____ Navidad" (hasta la abuela de _____
　　　COLOR　　　　　　　　　　　　　　　NOMBRE DE CELEBRIDAD

   se la sabe)

2. "Noche de paz", en versión de Armando Guerra

3. "Con mi _____ sabanero/a" (villancico)
　　　　　ANIMAL

4. "Está comenzando a _____ mucho como Navidad"
　　　　　　　　　　　VERBO

5. "*Jingle* _____", que les encanta a los/las _____
　　　　SUSTANTIVO　　　　　　　　　　　ALGO VIVO (PLURAL)

6. "Santa _____ está llegando a la ciudad"
　　　　APELLIDO

7. "Los/las _____ en el río" (villancico)
　　　　ANIMAL (PLURAL)

8. "La conga de los pastores de _____" (¡Nadie la conoce,
　　　　　　　　　　　　　　　LUGAR

   pero pronto será un éxito!)

9. "Feliz _____", en la inconfundible y _____
　　　SUSTANTIVO　　　　　　　　　　　ADJETIVO (FEMENINO)

   voz de Feliciano

10. " _____ llegó a la ciudad" (cantada por el mismísimo
　　PERSONA PRESENTE

    Papá Noel)

MAD LIBS® EN ESPAÑOL es divertido para jugar con tus amistades, ¡pero también puedes jugarlo tú solo/a! Para empezar, NO mires la historia de la página siguiente. Completa los espacios en blanco de esta página con las palabras solicitadas. Luego, usa esas palabras para completar los espacios en blanco de la historia.

¡Ya has creado tu propio y divertido juego MAD LIBS® EN ESPAÑOL!

¡QUÉ HORRIBLE!

NOMBRE DE CELEBRIDAD _____

ARTÍCULO DE VESTIR (PLURAL) _____

NOMBRE _____

APELLIDO _____

SUSTANTIVO (PLURAL) _____

ADVERBIO (-MENTE) _____

PERSONA PRESENTE _____

ANIMAL (PLURAL) _____

COLOR _____

ADJETIVO _____

COLOR _____

SUSTANTIVO (PLURAL) _____

VERBO _____

PERSONA PRESENTE _____

COLOR _____

PAÍS _____

PARTE DE CUERPO (FEMENINO) _____

ADJETIVO _____

MAD LIBS ¡EN ESPAÑOL!

¡QUÉ HORRIBLE!

A la fiesta de suéteres feos que organiza _____
<u>NOMBRE DE CELEBRIDAD</u>

llegó mucha gente con extravagantes _____ de
<u>ARTÍCULO DE VESTIR (PLURAL)</u>

Navidad. Primero llegó el/la famoso/a _____ _____
<u>NOMBRE</u>   <u>APELLIDO</u>

con su suéter del árbol con _____ y luces. Pero
<u>SUSTANTIVO (PLURAL)</u>

no impresionó. Luego llegaron los gemelos Tira y Encoge, con sus

suéteres _____ correctos. Pero tampoco llamaron
<u>ADVERBIO (-MENTE)</u>

la atención. Al rato llegó la tía de _____ a quien
<u>PERSONA PRESENTE</u>

le encantan los/las _____ de mar y llevaba un suéter
<u>ANIMAL (PLURAL)</u>

_____ marino. Pero no era un suéter _____,
<u>COLOR</u>   <u>ADJETIVO</u>

¡era espantoso! Y así fueron desfilando personas con suéteres de Santa

Claus y unicornios, o con un gato _____, hechos de
<u>COLOR</u>

retazos y _____. Pero la gente se echó a reír
<u>SUSTANTIVO (PLURAL)</u>

a carcajadas y comenzó a _____ locamente cuando
<u>VERBO</u>

entró _____ con un suéter _____ limón.
<u>PERSONA PRESENTE</u>   <u>COLOR</u>

El suéter tenía la cara del presidente de _____ con la
<u>PAÍS</u>

_____ roja y los cuernos del reno Rodolfo. ¡Fue
<u>PARTE DE CUERPO (FEMENINO)</u>

lo más _____ de la fiesta!
<u>ADJETIVO</u>

MAD LIBS® EN ESPAÑOL es divertido para jugar con tus amistades, ¡pero también puedes jugarlo tú solo/a! Para empezar, NO mires la historia de la página siguiente. Completa los espacios en blanco de esta página con las palabras solicitadas. Luego, usa esas palabras para completar los espacios en blanco de la historia.

¡Ya has creado tu propio y divertido juego MAD LIBS® EN ESPAÑOL!

¿YA LLEGÓ PAPÁ NOEL?

VERBO _____

SUSTANTIVO (FEMENINO) _____

SUSTANTIVO _____

PERSONA PRESENTE _____

ADJETIVO _____

TIPO DE ALIMENTO _____

ADJETIVO (FEMENINO) _____

TIPO RECIPIENTE _____

TIPO DE LÍQUIDO _____

ALGO VIVO _____

SUSTANTIVO (FEMENINO) _____

ADJETIVO _____

SUSTANTIVO _____

NOMBRE _____

COLOR _____

ADJETIVO _____

VERBO _____

SUSTANTIVO (PLURAL) _____

MAD❂LIBS ¡EN ESPAÑOL!

¿YA LLEGÓ PAPÁ NOEL?

En Navidad, cuando nos vamos a _____ a la cama,
_{VERBO}

Santa llega y se mete por la _____ para dejarnos
_{SUSTANTIVO (FEMENINO)}

regalos debajo del/la _____. ¿Cómo lo sabes?
_{SUSTANTIVO}

_____ es el/la detective navideño/a más _____
_{PERSONA PRESENTE}   _{ADJETIVO}

y te da algunas pistas:

1. Ves solo la mitad del/la _____ dulce que le dejaste.
_{TIPO DE ALIMENTO}

   No es una mordida pequeña, ¡es muy _____!
_{ADJETIVO (FEMENINO)}

2. El/La _____ con _____ está por la
_{TIPO RECIPIENTE}   _{TIPO DE LÍQUIDO}

   mitad. Si ves una marca de pintalabios, ¡no fue Santa! ¡Fue un/a

   _____!
_{ALGO VIVO}

3. Si la _____ está un poco _____ y tiene
_{SUSTANTIVO (FEMENINO)}   _{ADJETIVO}

   olor a _____, ¡es que el reno _____
_{SUSTANTIVO}   _{NOMBRE}

   también entró a tu hogar!

4. Si escuchas *Jo-jo-jo*, ves un gorro _____, sientes un
_{COLOR}

   ruido _____ y tu casa comienza a _____,
_{ADJETIVO}   _{VERBO}

   ¡Santa te trajo muchos/as _____!
_{SUSTANTIVO (PLURAL)}

MAD LIBS® EN ESPAÑOL es divertido para jugar con tus amistades, ¡pero también puedes jugarlo tú solo/a! Para empezar, NO mires la historia de la página siguiente. Completa los espacios en blanco de esta página con las palabras solicitadas. Luego, usa esas palabras para completar los espacios en blanco de la historia.

¡Ya has creado tu propio y divertido juego MAD LIBS® EN ESPAÑOL!

DESFILE NAVIDEÑO

PERSONA PRESENTE _____

SUSTANTIVO (FEMENINO) _____

ADJETIVO _____

NOMBRE _____

MEDIO DE TRANSPORTE _____

ANIMAL _____

ARTÍCULO DE VESTIR _____

ALGO VIVO _____

ARTÍCULO DE VESTIR _____

COLOR (FEMENINO) _____

COLOR _____

VERBO _____

SUSTANTIVO (PLURAL) _____

ADJETIVO (PLURAL) _____

EXCLAMACIÓN _____

SUSTANTIVO _____

PERSONA PRESENTE _____

VERBO _____

MAD LIBS ¡EN ESPAÑOL!

DESFILE NAVIDEÑO

Este año, _____ y sus mejores amigos se sentaron
              PERSONA PRESENTE

en primera _____ para no perderse el desfile
            SUSTANTIVO (FEMENINO)

_____ . "¡Mira!", dijo _____ al ver pasar un/a
  ADJETIVO   NOMBRE

_____ jalado por un/a enorme _____
  MEDIO DE TRANSPORTE   ANIMAL

de nariz roja, "¡es Rodolfo!" Luego pasaron los duendes vistiendo

sus tradicionales _____ verdes. Más tarde, desfiló
                   ARTÍCULO DE VESTIR

_____ con un/a _____ rojo/a en la
  ALGO VIVO   ARTÍCULO DE VESTIR

cabeza. Y de pronto apareció Santa con su barba _____
                                                 COLOR (FEMENINO)

y su traje _____ . Todos comenzaron a aplaudir y a
             COLOR

_____ sin parar. Pero la mejor parte fue cuando los/las
  VERBO

_____ comenzaron a sonar y los fuegos _____
  SUSTANTIVO (PLURAL)   ADJETIVO (PLURAL)

estallaron en el cielo. "¡ _____ , qué _____
                            EXCLAMACIÓN   SUSTANTIVO

tan colorido/a!", exclamó _____ , "¡no lo voy a
                            PERSONA PRESENTE

_____ !".
  VERBO

MAD LIBS® EN ESPAÑOL es divertido para jugar con tus amistades, ¡pero también puedes jugarlo tú solo/a! Para empezar, NO mires la historia de la página siguiente. Completa los espacios en blanco de esta página con las palabras solicitadas. Luego, usa esas palabras para completar los espacios en blanco de la historia.

¡Ya has creado tu propio y divertido juego MAD LIBS® EN ESPAÑOL!

¡QUÉ BONITO ARBOLITO!

VERBO (-ANDO/-IENDO) _____

SUSTANTIVO _____

SUSTANTIVO (PLURAL) _____

ADJETIVO (PLURAL) _____

EXCLAMACIÓN _____

SUSTANTIVO (PLURAL) _____

COLOR (FEMENINO, PLURAL) _____

PALABRA TONTA _____

ADJETIVO _____

PARTE DEL CUERPO (PLURAL) _____

ADJETIVO (PLURAL) _____

COLOR (PLURAL) _____

SUSTANTIVO (FEMENINO) _____

NÚMERO _____

SUSTANTIVO (FEMENINO) _____

ADJETIVO _____

MAD LIBS ¡EN ESPAÑOL!

¡QUÉ BONITO ARBOLITO!

Estrella y Lucero están _____ el _____
                          VERBO (-ANDO/-IENDO)   SUSTANTIVO

de Navidad. Pero...

Estrella: Yo creo que le falta algo, ¿acaso debemos colgarle más

_____ o adornos _____?
SUSTANTIVO (PLURAL)   ADJETIVO (PLURAL)

Lucero: ¡ _____, ya tiene muchos/as _____!
              EXCLAMACIÓN   SUSTANTIVO (PLURAL)

Pero le faltan luces _____ y tal vez un poco de
                      COLOR (FEMENINO, PLURAL)

_____ .
PALABRA TONTA

Estrella: Quizás le falta algo _____, hecho con nuestras
                                    ADJETIVO

propios/as _____ .
            PARTE DEL CUERPO (PLURAL)

Lucero: No lo creo. ¡Hasta le pusimos dibujos _____
                                                   ADJETIVO (PLURAL)

y copos de nieve _____!
                  COLOR (PLURAL)

Estrella: ¡Ya sé! Le falta una _____ brillante
                                    SUSTANTIVO (FEMENINO)

de _____ punta/s en lo más alto, pero necesitamos una
    NÚMERO

_____ para llegar hasta arriba porque está muy
SUSTANTIVO (FEMENINO)

_____ .
ADJETIVO

MAD LIBS® EN ESPAÑOL es divertido para jugar con tus amistades, ¡pero también puedes jugarlo tú solo/a! Para empezar, NO mires la historia de la página siguiente. Completa los espacios en blanco de esta página con las palabras solicitadas. Luego, usa esas palabras para completar los espacios en blanco de la historia.

¡Ya has creado tu propio y divertido juego MAD LIBS® EN ESPAÑOL!

SI TE PORTAS MAL...

SUSTANTIVO _____

MEDIO DE TRANSPORTE _____

ADJETIVO (FEMENINO) _____

ARTÍCULO DE VESTIR _____

COLOR (PLURAL) _____

ANIMAL (PLURAL) _____

SUSTANTIVO _____

COLOR _____

NÚMERO _____

VERBO _____

SUSTANTIVO (PLURAL) _____

PALABRA TONTA _____

VERBO _____

LUGAR _____

SUSTANTIVO (PLURAL) _____

ADJETIVO (PLURAL) _____

SUSTANTIVO _____

SI TE PORTAS MAL...

Quizás recibas estos regalos navideños si no te portas bien... ¡o no

completas un/a _____ de MadLibs!

SUSTANTIVO

1. _____ de una sola rueda. Pero será una rueda

MEDIO DE TRANSPORTE

   _____ , ¡y estará ponchada!

ADJETIVO (FEMENINO)

2. _____ con parches _____ y bordado

ARTÍCULO DE VESTIR — COLOR (PLURAL)

   con figuras de _____ de todos los tamaños.

ANIMAL (PLURAL)

3. Un/a _____ eléctrico/a de color _____

SUSTANTIVO — COLOR

   chillón y _____ cuerda/s. Viene con un manual para

NÚMERO

   aprender a _____ guitarra.

VERBO

4. _____ deportivos/as, de la marca _____

SUSTANTIVO (PLURAL) — PALABRA TONTA

   para que pueda _____ el Maratón de _____ .

VERBO — LUGAR

5. Muchos/as _____ rotos/as y libros _____

SUSTANTIVO (PLURAL) — ADJETIVO (PLURAL)

   sobre el/la primer/a _____ que llegó a la luna.

SUSTANTIVO

MAD LIBS® EN ESPAÑOL es divertido para jugar con tus amistades, ¡pero también puedes jugarlo tú solo/a! Para empezar, NO mires la historia de la página siguiente. Completa los espacios en blanco de esta página con las palabras solicitadas. Luego, usa esas palabras para completar los espacios en blanco de la historia.

¡Ya has creado tu propio y divertido juego MAD LIBS® EN ESPAÑOL!

GALLETITAS PARA TODOS

SUSTANTIVO _____

VERBO _____

SUSTANTIVO _____

NÚMERO _____

RECIPIENTE _____

SUSTANTIVO (PLURAL) _____

ADJETIVO (FEMENINO) _____

VERBO _____

NÚMERO _____

SUSTANTIVO _____

ADJETIVO (FEMENINO) _____

ADVERBIO (-MENTE) _____

ADJETIVO (PLURAL) _____

VERBO _____

COLOR _____

TIPO DE LÍQUIDO _____

ADJETIVO _____

SUSTANTIVO (PLURAL) _____

MAD○LIBS ¡EN ESPAÑOL!

GALLETITAS PARA TODOS

Aquí tienes la receta para hacer galletas de _____ en
SUSTANTIVO

Navidad. ¡No pararás de _____!
VERBO

1. Precalienta el/la _____ a una temperatura de
SUSTANTIVO

_____ grado/s centígrados.
NÚMERO

2. En un/a _____ mezcla todos los/las _____ .
RECIPIENTE   SUSTANTIVO (PLURAL)

3. Cuando la masa esté _____ , déjala _____
ADJETIVO (FEMENINO)   VERBO

en la nevera durante _____ minuto/s.
NÚMERO

4. Extiende la masa sobre en una superficie llena de _____
SUSTANTIVO

y córtala en círculos. Luego coloca los círculos en una bandeja

_____ y hornea _____ hasta que
ADJETIVO (FEMENINO)   ADVERBIO (-MENTE)

los veas bien _____ .
ADJETIVO (PLURAL)

5. Saca las galletas y déjalas _____ bien. Para la cobertura,
VERBO

derrite chocolate _____ en _____
COLOR   TIPO DE LÍQUIDO

hirviente. Sumerge la mitad de tus galletas. No olvides añadir

el ingrediente más _____ : ¡amor para todos tus
ADJETIVO

_____ !
SUSTANTIVO (PLURAL)

MAD LIBS® EN ESPAÑOL es divertido para jugar con tus amistades, ¡pero también puedes jugarlo tú solo/a! Para empezar, NO mires la historia de la página siguiente. Completa los espacios en blanco de esta página con las palabras solicitadas. Luego, usa esas palabras para completar los espacios en blanco de la historia.

¡Ya has creado tu propio y divertido juego MAD LIBS® EN ESPAÑOL!

JO-JO-TUBE

EXCLAMACIÓN _____

NÚMERO _____

SUSTANTIVO _____

VERBO _____

SUSTANTIVO (PLURAL) _____

ADJETIVO (FEMENINO, PLURAL) _____

ADJETIVO _____

SUSTANTIVO _____

VERBO _____

ALGO VIVO (PLURAL) _____

ADVERBIO (-MENTE) _____

MEDIO DE TRANSPORTE _____

SUSTANTIVO (PLURAL) _____

ANIMAL _____

VERBO _____

COLOR (FEMENINO) _____

SUSTANTIVO _____

SUSTANTIVO _____

MAD●LIBS ¡EN ESPAÑOL!

JO-JO-TUBE

(Video de Santa a sus seguidores). ¡ _____ , ya llegué
EXCLAMACIÓN

a _____ seguidor/es en mi canal de Jo-jo-tube! ¡Gracias
NÚMERO

por el/la _____ que me dan cada día! Me encanta poder
SUSTANTIVO

_____ con todos mis _____ para avisarles
VERBO   SUSTANTIVO (PLURAL)

de las _____ noticias navideñas. Es bastante
ADJETIVO (FEMENINO, PLURAL)

_____ para mí saber que les gusta el/la _____
ADJETIVO   SUSTANTIVO

y que les encanta _____ la Navidad con la familia. Los/Las
VERBO

_____ y yo trabajamos _____ para
ALGO VIVO (PLURAL)   ADVERBIO (-MENTE)

darles muchas sorpresas este año. Mi _____ irá
MEDIO DE TRANSPORTE

cargado de _____ para todos. Mi _____
SUSTANTIVO (PLURAL)   ANIMAL

Rodolfo no para de _____ y su nariz _____
VERBO   COLOR (FEMENINO)

se enciende de alegría. Les tengo una primicia: ¡estoy haciendo dieta

para poder entrar fácilmente por el/la _____ de la casa!
SUSTANTIVO

Por favor, síganme también en Santagram y _____-tok
SUSTANTIVO

para contarles más novedades.

MAD LIBS® EN ESPAÑOL es divertido para jugar con tus amistades, ¡pero también puedes jugarlo tú solo/a! Para empezar, NO mires la historia de la página siguiente. Completa los espacios en blanco de esta página con las palabras solicitadas. Luego, usa esas palabras para completar los espacios en blanco de la historia.

¡Ya has creado tu propio y divertido juego MAD LIBS® EN ESPAÑOL!

¿ERES PAPÁ NOEL?

ADVERBIO (-MENTE) _____

SUSTANTIVO _____

EXCLAMACIÓN _____

PALABRA TONTA _____

VERBO (-ANDO/-IENDO) _____

VERBO _____

PALABRA TONTA _____

ADJETIVO _____

COLOR _____

COLOR (PLURAL) _____

PARTE DEL CUERPO _____

NOMBRE _____

ADVERBIO (-MENTE) _____

ADJETIVO _____

VERBO _____

MEDIO DE TRANSPORTE _____

SUSTANTIVO (FEMENINO) _____

PARTE DEL CUERPO _____

Pepe Pino no podía creer que había visto al mismísimo Papá Noel

sentado _____ en su _____ favorito/a.
　　　　　ADVERBIO (-MENTE)　　　　　　　　　　SUSTANTIVO

"¡Ay ay ay _____, _____!, ¿acaso estoy
　　　　　　　　　EXCLAMACIÓN　　　　　　PALABRA TONTA

_____? ¿Eres tú?", dijo al verlo. Papá Noel comenzó a
VERBO (-ANDO/-IENDO)

_____: "¡Jo-jo-jo, _____, claro que soy
　　　VERBO　　　　　　　　　　　　PALABRA TONTA

yo! ¿Conoces a alguien más _____?" Entonces Pepe Pino
　　　　　　　　　　　　　　　　　ADJETIVO

observó el gorro y el traje _____ y blanco. Luego miró el
　　　　　　　　　　　　　　　COLOR

bigote y la barba _____. Finalmente, notó la enorme
　　　　　　　　　COLOR (PLURAL)

_____ apretado/a por un cinturón. "He venido desde el
PARTE DEL CUERPO

Polo _____ para conocerte en persona", le dijo Papá Noel
　　　　NOMBRE

_____. Pepe Pino se puso muy _____ y quiso
ADVERBIO (-MENTE)　　　　　　　　　　　　　　　　ADJETIVO

saber cómo Papá Noel lograba _____ regalos en todos los
　　　　　　　　　　　　　　　　VERBO

hogares al mismo tiempo. "¡Porque tengo un/a _____
　　　　　　　　　　　　　　　　　　　　　MEDIO DE TRANSPORTE

que viaja a la velocidad de la _____!", respondió Papá
　　　　　　　　　　　　SUSTANTIVO (FEMENINO)

Noel y desapareció en un abrir y cerrar de _____.
　　　　　　　　　　　　　　　　　　　　PARTE DEL CUERPO

MAD LIBS® EN ESPAÑOL es divertido para jugar con tus amistades, ¡pero también puedes jugarlo tú solo/a! Para empezar, NO mires la historia de la página siguiente. Completa los espacios en blanco de esta página con las palabras solicitadas. Luego, usa esas palabras para completar los espacios en blanco de la historia.

¡Ya has creado tu propio y divertido juego MAD LIBS® EN ESPAÑOL!

TU PERSONAJE FAVORITO

ADJETIVO _____

VERBO _____

ADJETIVO _____

SUSTANTIVO _____

COLOR _____

PERSONA PRESENTE _____

ANIMAL _____

PARTE DEL CUERPO _____

ANIMAL _____

MEDIO DE TRANSPORTE _____

SUSTANTIVO _____

MEDIO DE TRANSPORTE _____

PALABRA TONTA _____

NOMBRE _____

APELLIDO _____

ALGO VIVO _____

SUSTANTIVO _____

MAD LIBS ¡EN ESPAÑOL!

TU PERSONAJE FAVORITO

Completa el _____ cuestionario para _____
             ADJETIVO   VERBO

acerca de tu personaje _____ de la Navidad.
                                 ADJETIVO

1. ¿Color favorito? a) rojo como el/la _____ , b) tan
                                        SUSTANTIVO

   _____ como la hierba y el brócoli, c) como los ojos
        COLOR

   de _____
      PERSONA PRESENTE

2. ¿Animal? a) _____ volador/a, b) con _____
              ANIMAL   PARTE DEL CUERPO

   grande/s, c) _____ marino/a
               ANIMAL

3. ¿Medio de transporte?, a) _____ sin ruedas,
                         MEDIO DE TRANSPORTE

   b) _____ mágico/a, c) _____
           SUSTANTIVO   MEDIO DE TRANSPORTE

   acuático

4. ¿Palabra? a) Jo-jo-jo, b) _____, c) otorrinolaringólogo
                             PALABRA TONTA

Si respondiste más "a", tu personaje favorito es Papá _____
                                                NOMBRE

o Santa _____ . Si respondiste más "b", tu personaje
          APELLIDO

favorito es un/a muy pequeño/a _____ . Si respondiste
                                  ALGO VIVO

más "c", te gusta el/la _____ azul.
                    SUSTANTIVO

MAD LIBS® EN ESPAÑOL es divertido para jugar con tus amistades, ¡pero también puedes jugarlo tú solo/a! Para empezar, NO mires la historia de la página siguiente. Completa los espacios en blanco de esta página con las palabras solicitadas. Luego, usa esas palabras para completar los espacios en blanco de la historia.

¡Ya has creado tu propio y divertido juego MAD LIBS® EN ESPAÑOL!

¿QUÉ TRAJO SANTA?

APELLIDO _____

NÚMERO _____

ADJETIVO (PLURAL) _____

ALGO VIVO _____

ADJETIVO _____

SUSTANTIVO (PLURAL) _____

PARTE DEL CUERPO _____

VERBO _____

SUSTANTIVO _____

PALABRA TONTA _____

SUSTANTIVO _____

SUSTANTIVO (PLURAL) _____

ADJETIVO _____

ANIMAL _____

SUSTANTIVO _____

PERSONA PRESENTE _____

ADJETIVO _____

SUSTANTIVO _____

MAD LIBS ¡EN ESPAÑOL!

¿QUÉ TRAJO SANTA?

El 25 de diciembre, la familia _____ se levantó a la/s
APELLIDO

_____ en punto de la mañana y corrió para abrir los regalos.
NÚMERO

Estaban _____ por saber lo que les había dejado
ADJETIVO (PLURAL)

Santa debajo del/de la _____ de Navidad. El abuelo
ALGO VIVO

se puso muy _____ al ver unos/as _____
ADJETIVO SUSTANTIVO (PLURAL)

de sol y un gorro para cubrirse su/s _____ . La
PARTE DEL CUERPO

mamá se puso a _____ de alegría: "¡Qué rico huele mi
VERBO

_____!", exclamó. El papá abrió su regalo y exclamó:
SUSTANTIVO

"_____ , ¿cómo supo Santa que yo necesitaba un/a
PALABRA TONTA

_____ de afeitar?". Todos siguieron abriendo los/las
SUSTANTIVO

_____ envueltos/as en un _____ papel
SUSTANTIVO (PLURAL) ADJETIVO

de regalo. Santa no olvidó ni al/a la _____ de la casa, que
ANIMAL

se puso feliz al ver un/a _____ nuevo/a para morder.
SUSTANTIVO

Finalmente, _____ abrió una caja _____
PERSONA PRESENTE ADJETIVO

y exclamó: ¡Por fin puedo escuchar mi _____ favorito/a!
SUSTANTIVO

MAD LIBS® EN ESPAÑOL es divertido para jugar con tus amistades, ¡pero también puedes jugarlo tú solo/a! Para empezar, NO mires la historia de la página siguiente. Completa los espacios en blanco de esta página con las palabras solicitadas. Luego, usa esas palabras para completar los espacios en blanco de la historia.

¡Ya has creado tu propio y divertido juego MAD LIBS® EN ESPAÑOL!

DE TODO CORAZÓN

SUSTANTIVO (PLURAL) _____

ADJETIVO (PLURAL) _____

ALGO VIVO (PLURAL) _____

SUSTANTIVO (PLURAL) _____

ADJETIVO _____

SUSTANTIVO _____

PARTE DEL CUERPO (PLURAL) _____

ALGO VIVO _____

LUGAR _____

ADJETIVO (PLURAL) _____

SUSTANTIVO (FEMENINO, PLURAL) _____

ADJETIVO _____

ALGO VIVO _____

LUGAR _____

ADJETIVO _____

SUSTANTIVO _____

PARTE DEL CUERPO _____

VERBO _____

DE TODO CORAZÓN

El significado de la Navidad no es dar _____,

SUSTANTIVO (PLURAL)

sino compartir con los seres _____ y dar amor a los/las

ADJETIVO (PLURAL)

_____. Esta es una lista de _____

ALGO VIVO (PLURAL)   SUSTANTIVO (PLURAL)

navideños/as:

1. Sé _____ con cada persona. No importa si esa persona

ADJETIVO

   tiene _____ o no.

SUSTANTIVO

2. Abre tus _____ para dar abrazos, lo mismo a

PARTE DEL CUERPO (PLURAL)

   tus amigos que a un/a _____ de tu _____.

ALGO VIVO   LUGAR

3. Expresa tus _____ sentimientos con tus propias

ADJETIVO (PLURAL)

   _____. ¡Sé lo más _____

SUSTANTIVO (FEMENINO, PLURAL)   ADJETIVO

   posible!

4. Planta un/a _____ en un huerto o en un/a

ALGO VIVO

   _____ húmedo/a y _____.

LUGAR   ADJETIVO

5. Ayuda al/a la _____ como a ti mismo y con el/la

SUSTANTIVO

   _____ en la mano.

PARTE DEL CUERPO

6. No dejes para mañana lo que puedas _____ hoy.

VERBO

¡Únete a los millones de seguidores de Mad Libs que crean historias extravagantes y maravillosas en nuestras aplicaciones!

¡Descarga Mad Libs hoy!